PORNOGRAFIA

ADICCION PERMITIDA

Sergio Adrián Fasano

Fasano, Sergio Adrián
Pornografía: adicción permitida / Sergio Adrián Fasano;
editado por Carola Irene Czajkowski. –
1a ed revisada. - Posadas: Sergio Adrián Fasano, 2023. 94 p.; 19 x 15 cm.
ISBN 978-987-88-8028-0
1. Pornografía. 2. Sexualidad. 3. Educación.
I. Czajkowski, Carola Irene, ed. II. Título.
CDD 261.515

PORNOGRAFIA
ADICCION PERMITIDA

2023

<u>*Dedicatorias*</u>

Este libro está dedicado en primer lugar a mi esposa, quien ha sido mi aliada incondicional en mi lucha para poder salir adelante de esta adicción en la cual estaba inmerso, pero que nunca lo había podido reconocer.

En segundo lugar, a todos los hombres que de una u otra manera han sido alcanzados por la adicción sexual a la pornografía; en una sociedad en donde los valores masculinos "indican" que este tipo de visualizaciones, se nos es permitida, por considerarse en la actualidad parte de la expresión del ser humano, su correspondida y tan ansiada libertad. No hay tal derecho adquirido, en realidad es una esclavitud adquirida y en ese sentido a lo largo de este documento se lo podré demostrar, con fundamentos bíblicos, pero además científicos, para que puedan tomar las mejores decisiones para ustedes, su familia, y sus futuras generaciones.

En tercer lugar, a todas las esposas que, como la mía, han debido pasar por el proceso doloroso de que sus esposos, aquellos hombres que supieron prometerles fidelidad en el pacto del casamiento, le han traicionado con este mal perverso y doloroso que es la pornografía, y se han sentido comparadas, despreciadas y humilladas por sus hombres. Es para ellas también que escribo estas líneas porque han tenido que soportar un mal que nunca vieron, un dolor que nunca pidieron, una cadena que nunca sintieron pero que las encadenó a una esclavitud que no sabían. Pero espero que este libro pueda llevarles luz acerca de lo que sus esposos han pasado al transitar en el mundo de la pornografía y la adicción sexual, no para justificarlos sino para poder entenderlos.

Y por último a las mujeres que están actualmente en el proceso de consumo de pornografía, que han estado esclavizadas por mucho tiempo por este aberrante hábito que las consume por dentro, y que no han podido confesar a nadie por vergüenza, quiero decirles que hay solución.

"Que la ignorancia no frene el caminar hacia la libertad"

"Mi pueblo fue destruido, porque le faltó conocimiento.
Por cuanto desechaste el conocimiento, yo te echaré del sacerdocio;
y porque olvidaste la ley de tu Dios,
también yo me olvidaré de tus hijos."
Oseas 4:6

ÍNDICE

CAPÍTULO I – Orígenes

Corría por entonces 1977, época de la dictadura militar en nuestra Argentina, época en donde los medios periodísticos y publicaciones en general estaban reguladas y yo, un niño de seis años, me encontraba ojeando unas páginas con un asombro casi inigualable, nunca antes percibido en mi mente y en mi cuerpo; hecho que -mucho tiempo después entendería- eran las descargas de adrenalina y dopamina que por primera vez tomaban asiento en mi cerebro por una fuerte, y nunca antes recibida, excitación sexual.

Era una revista pornográfica, y viendo las primeras imágenes que marcarían mi vida, pude sentir casi los aromas especiales de un contrabando de ideas no permitidas, asuntos de los cuales nadie podía hablar, censurados con total y absoluta certeza. Era un tiempo en el cual no entendía muy bien lo que miraba, lo que decía o lo que hacía, pero sabía que no estaba bien; no por dogmas o creencias, sino porque era algo no permitido para un niño de mi edad. Y tenía la sensación, casi un sabor amargo, que estaba haciendo algo malo; sentía dentro mío, muy en lo profundo de mi ser, que esto marcaría mi futuro. Pasados los años lo comprobé, en verdad marcó mi adolescencia y mi adultez.

Pronto me encontré, no solamente yendo a comprar revistas pornográficas, sino, además, escondiéndolas, enterrándolas como lo haría un perro guardando su hueso bajo tierra. Las escondía para que nadie las viese, pero constantemente acudía al mismo lugar para desenterrarlas y mirarlas cuando nadie me veía; esta acción, más adelante generó una adicción a la masturbación.

Piense en esta escena, un niño de 6 años comprando a un adulto en un quiosco una revista de estas características; esto requería de mucho valor y seria determinación, lo cual generaría en el futuro la pérdida de la vergüenza en situaciones de extremada sensibilidad o lo que llamaremos a partir de ahora "patrones de conducta adictiva".

La pornografía hace esto: nos coloca en un mundo del cual después difícilmente podemos salir. Muchos hablan sobre las drogas sintéticas como la cocaína, la heroína, el crack, o la misma marihuana, las cuales generan mucha adicción; sin embargo, pocos se refieren al hecho que la adicción sexual es una droga tan o más peligrosa que las mencionadas; debido a que destruyen un entorno que generalmente ya está armado bajo conceptos de fidelidad, como es el entorno familiar. Generan tanto o más peligro que las drogas químicas en el proceso mental; el proceso en el cerebro es exactamente el mismo, con la diferencia que, en el caso de la pornografía, podemos estar drogándonos simplemente con imágenes en nuestro cerebro, siendo mucho más accesible que otro tipo de adicciones en las cuales es necesario conseguir la sustancia con la cual drogarnos.

La adicción genera mucha más dopamina, una irrigación casi descontrolada, que es mucho mayor aún que la obtenida en una relación íntima. Genera un estado de excitación nerviosa muy fuerte. ¿Y, es necesario?

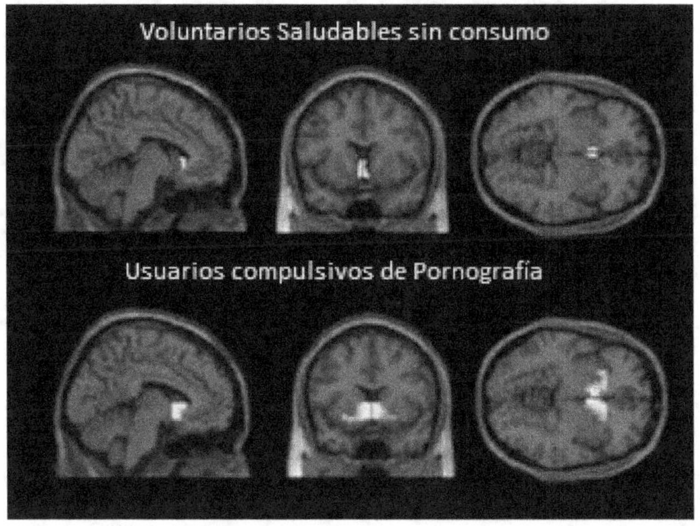

En la vista superior podemos ver las imágenes tomadas por tomografía computada TAC, en donde podemos observar el exceso de actividad sináptica del cerebro en el caso de personas que consumen en forma compulsiva pornografía y aquellos que no lo hacen. La actividad sináptica es la transmisión de una neurona a otra, a través de lo que denominamos la sinapsis neuronal, de los estímulos nerviosos, los cuales son "transportados" a través de las sustancias químicas denominados neurotransmisores. La dopamina que he mencionado anteriormente es el neurotransmisor involucrado en el sistema de recompensas cuando consumimos algo que nos da placer, en este caso la pornografía; a continuación, vemos un gráfico para entender la sinapsis neuronal:

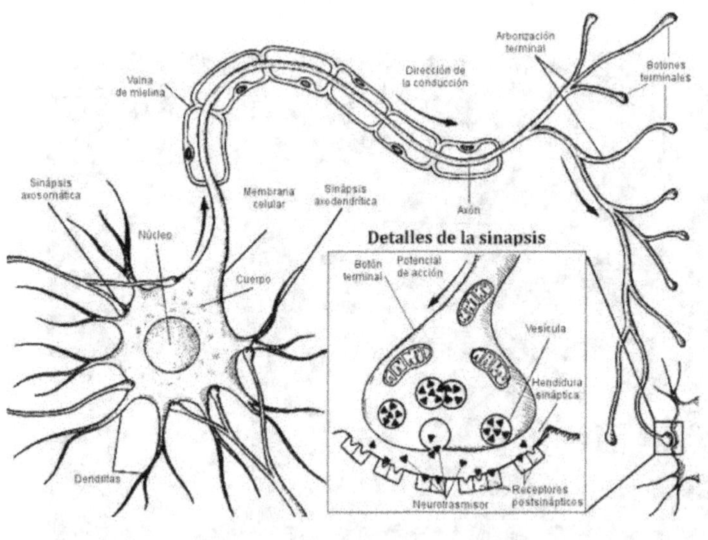

En resumen, a medida que fueron transcurriendo los años, el consumo compulsivo de pornografía empezó a hacer estragos en mi vida, debido a que el sistema de recompensas ya no funcionaba con el mismo estímulo que la última vez, sino que necesitaba de estimulantes superiores para conseguir el mismo grado de satisfacción anterior. Los pornógrafos lo llaman "cambio de nivel". El patrón de conducta adictiva se ha fortalecido y es muy difícil cambiarlo, y cada día se fortalece más debido al mayor consumo. Es similar a lo que ocurre con las adicciones a las sustancias químicas, ya la dosis anterior no genera lo mismo y se desea mayor cantidad de la droga consumida o pasar a otra de mayor potencia.

Otra de las cuestiones que solía acontecer en mi despertar sexual prematuro fue que, aunque no disfrutaba de las imágenes o la actividad, igualmente quería incrementar mi consumo; esto se daba de una manera inconsciente y a los fines de lograr el deleite de la última vez; pero el cerebro no funciona así. El cerebro requerirá liberar una mayor cantidad de dopamina para lograr la misma satisfacción de la última vez, entendamos nos encontramos en un patrón de conducta adictiva.

Expertos del Instituto Max Planck de Berlín descubrieron que, al elevar el consumo de pornografía en sujetos bajo estudio, el estímulo cerebral era mucho menor al someterlos a imágenes sexuales convencionales. Esto por supuesto, solamente comprueba la necesidad constante de aumento en la intensidad del consumo.

Otra de las situaciones vividas a mi corta edad era el nivel de estrés al cual era sometido cuando consumía pornografía, por miedo a que me descubran, y todo el entorno en el cual acudía a consumir, como desenterrar las revistas y llevarlas a lugares seguros a la vista de terceros. De esta manera, mi hipotálamo se encontraba en Gran Alerta y las glándulas suprarrenales segregaban una "ENORME Y DES-COMUNAL" cantidad de hormonas, entre las cuales destaco la adrenalina y el cortisol, desgastando mi cuerpo ya desde temprana edad.

"Proclamad entre las naciones su gloria, entre todos los pueblos sus maravillas"

Salmos 96:3

Estoy detallando todo lo que me sucedió con la finalidad de, como dice el salmo 96:3, dar testimonio de las Maravillas de Dios en mi vida, ya que, si no fuera por El, quien escribe posiblemente hoy no estaría vivo.

CAPÍTULO II – De mal en peor

Pasaron casi 3 décadas de aquel lejano 1977 cuando descubrí que mi inconsciente, por motivos psicológicos que no vienen al caso describirlos en este libro, y en un intento de protegerme, había ocultado un trauma ocurrido casi en forma simultánea a aquel debut en la pornografía, habían abusado sexualmente de mí.

Este evento trajo serias consecuencias para mi matrimonio y mi familia, mi convivencia diaria y mi relacionamiento social. Este evento que no recordaba influyó de manera muy negativa en todo lo que se asociaba a mi autoestima, y quien era yo como ser humano. ¿Por qué la circunstancia vivida actúa de esta manera? Porque cuando somos abusados y el mismo es provocado por una persona cercana a nosotros (según estadísticas internacionales, el 95% de los abusos proviene de personas cercanas al abusado), vemos afectada la confianza, quebrada por dicha persona. Esta situación trae como consecuencia el deterioro de la identidad y provoca inseguridad en un futuro cercano y aún mucho más en el futuro lejano.

Todas estas circunstancias desarrolladas en mi interior luego de estos dos eventos (consumo de pornografía y abuso sexual, ambos a temprana edad), infectaron mi cerebro de pensamientos, sinapsis neuronales negativa; pero yo no era consciente de ello, de hecho, para mi entorno, era normal que los hombres consuman pornografía. En mi caso, el machismo se acentuó en mayor profundidad, debido a mis estudios secundarios (pre universitarios) realizados en una Institución Naval Militar Argentina. La Palabra de Dios menciona en Juan 8:32 *"conoceréis la Verdad y la Verdad os hará Libres"*; efectivamente, si no conocemos a la verdad respecto a la adicción sexual a la pornografía y sus consecuencias, será difícil o imposible salir adelante y ser libres.

> **"Madurez es afrontar las circunstancias reales lo más rápido posible y con la Sabiduría que viene de Dios"**

> **"TODO LO QUE SUCEDIÓ EN EL PASADO DETERMINA EL PRESENTE, PERO TODO LO QUE HAGA EN EL PRESENTE DETERMINARÁ EL FUTURO"**

Las circunstancias traumáticas de nuestro pasado provocarán un futuro negativo, si continuamos de la misma manera; necesitamos ser libres para determinar un mejor futuro. En mi caso, las circunstancias descriptas de mi niñez, provocaron serias consecuencias por muchos años. Gracias a conocer la verdad he salido adelante y espero poder transmitir a través de este libro, la mayor cantidad de conceptos posibles para que usted pueda cambiar su vida y pueda abandonar los patrones de conducta adictiva relacionados al consumo de pornografía, aún si este consumo comenzó a temprana edad como es mi caso.

El desarrollo de patrones de conducta adictiva en lo sexual es exactamente igual que el desarrollo en otras áreas, hablando a nivel cerebral, DESARROLLAMOS HABITOS, que se fortalecen y se transforman en adicciones, las cuales necesitan de más y más estímulos para satisfacer la demanda de placer o recompensa requerida por nuestro cerebro.

Los pensamientos se pueden medir, ¿lo sabía? Las cadenas de proteínas que recubren el axón y las dendritas que trasladan los pensamientos, se engrosan a medida que el mismo se afirma en nuestra mente, y, por lo tanto, si los reemplazamos por nuevos pensamientos, los anteriores se debilitan y pierden fuerza. De esta manera podemos salir de la adicción.

Es necesario entender que, al pensar, modificamos la estructura física de nuestro cerebro y, a medida que lo hacemos conscientemente, podemos acentuar o eliminar los patrones de conducta adictiva. Esto se aplica, ya sea en una u otra dirección; es decir, cuando decidimos aumentar los pensamientos negativos generamos una alta toxicidad llena del veneno del estrés y del consumo indiscriminado de neurotransmisores como la dopamina. Si decidimos cambiar la dirección en nuestros pensamientos hacia aquellos positivos y buenos, generaremos la emisión de sustancias beneficiosas, y con ello estaremos aumentando nuestra inteligencia, trayendo salud y sanidad a nuestros cerebros y cuerpos.

Si lo aplicamos al consumo de pornografía, podemos decidir, con pensamientos positivos, salir del círculo de adicción, reemplazando las tentaciones por nuevos pensamientos. En los capítulos siguientes te daré las indicaciones necesarias para salir adelante.

> **"Grabe en su mente que el consumo de pornografía deteriora su cerebro y su cuerpo"**

CAPÍTULO III – ¿Qué es el porno?

La pornografía se refiere a todo tipo de materiales, imágenes o reproducciones que representen actos sexuales o se relacionen a ellos.

La pornografía siempre ha existido, es tan antigua como la humanidad misma, pero el término pornografía es medianamente moderno ya que se acuñó en el 1800 en la Francia de Post revolución. La manifestación más antigua registrada data del paleolítico y es denominada la venus de Willendorf. Según el antropólogo estadounidense Tony Mellars el simbolismo sexual estuvo presente desde la prehistoria de la humanidad.

Todo lo antes dicho no habilita la práctica normal y aceptable de la pornografía. La Biblia es determinante cuando estipula que cualquier relación con la lascivia y la sexualidad fuera de los cánones de Dios es incorrecto. En Gálatas 5:19 el apóstol Pablo determina justamente lo expresado *"Y manifiestas son las obras de la carne, que son: adulterio, fornicación, inmundicia, lascivia,"* diciendo que quienes practicaren tales cosas no heredarán el Reino de Dios. Cada una de estas palabras surge de la raíz y palabra griega πορνεία "porneía" que tiene que ver con todo tipo de actividades sexuales ilícitas; y sin lugar a dudas incluye a la pornografía.

La pornografía es una Industria, una actividad económica que mueve miles de millones de dólares, según la ONU -Organización de las Naciones Unidas- ronda los 100.000 millones de dólares anuales, y es la quinta a nivel mundial en volúmenes de negocios. En este punto encontramos un argumento para dejar de ser cómplice de un negocio extraordinariamente ilegal. Esta industria se mueve a través de diferentes métodos: primero, la explotación de quienes participan en la realización de los contenidos, quienes ganan un porcentaje ínfimo de las ganancias totales de los productos finales; de aquí, deriva la Explotación Sexual de personas, quienes buscando un horizonte de mejora económica caen embaucados por las promesas irreales de quienes están a la caza de desprevenidos y necesitados. El tráfico de personas desde países del tercer mundo hacia los países que poseen los mayores centros de producción, genera que las personas sean tratadas como simples mercaderías en tránsito y descartables. La Pedofilia, que en este tiempo está proliferando cada día más; los niños son extraídos de países en donde las leyes son laxas o sencillas de evadir y traficados hacia centros de poder, luego explotados sexualmente para los fines pornográficos. Así podría referir infinidad de negocios relacionados con esta actividad, y grandes sumas dinerarias que se mueven en consecuencia.

SOMOS CÓMPLICES

DE TODOS LOS NEGOCIOS QUE ILEGALMENTE SE LLEVAN A CABO RELACIONADOS A LA PRODUCCION DEL MATERIAL QUE SE COMERCIALIZA

De lo explicado surge, por lo tanto, una conclusión aún mucho más abrumadora. Si de hecho esta actividad genera, como lo mencionamos en el capítulo anterior, una serie de procesos químicos en nuestro cerebro, nuestro cuerpo se tensiona y hormonas son liberadas, entonces podríamos definir que la pornografía no solamente se restringe al consumo de imágenes explícitas sexualmente hablando.

Es decir, que, si somos expuestos a imágenes de una película o una publicidad, donde se presentan imágenes con contenido sexual, entonces nuestro cerebro estará recibiendo los mismos estímulos que si fueran explícitas, porque a nivel cerebral la misma actividad es similar. Por citar un ejemplo, si vemos una escena en una cama, en la cual se encuentran acostados un hombre y una mujer, tapados con una sábana, y sus movimientos nos llevan a pensar que tienen relaciones sexuales, aún que no podamos visualizarlo realmente, nuestro cerebro se encarga de producir las imágenes que no vemos. Otro ejemplo, si observamos una publicidad de repuestos de autos que ilustra una exuberante señorita en bikini, es muy seguro que nuestro cerebro producirá imágenes sexuales.

Es por ello, que una de las formas de salir de esta adicción es ENTRENAR NUESTROS OJOS, tema que trataremos más adelante.

La pornografía no representa el diseño de Dios, es un acting ficticio y tramposo, con el ánimo de sostener el beneficio de una excitación personal, mezquina y egoísta.

Se generan acciones exentas de todo amor, pensamiento de cuidado o servicio hacia el prójimo, con un único ánimo: obtención de placer a cambio de jugosos réditos económicos.

LA PORNOGRAFIA

"NO REPRESENTA EL DISEÑO DE DIOS PARA LA INTIMIDAD ENTRE EL HOMBRE Y LA MUJER"

CAPÍTULO IV – ¿Cómo afecta al cerebro y al cuerpo?

Como he comentado en el primer capítulo, el consumo de pornografía genera situaciones realmente comprometidas en el cerebro, situaciones neuroquímicas que generalmente son desconocidas por la mayoría de las personas, pero se llevan a cabo durante y a posteriori del consumo de la pornografía.

Recuerdo que durante las primeras veces en las cuales consumí imágenes pornográficas, con mis 6 años cumplidos, mi cuerpo se tensaba agudamente, mis vellos corporales se erguían (en la Argentina lo denominamos "piel de gallina"), había una extrema excitación y todo este avasallamiento y desborde de sensaciones era solamente un torrente ruidoso que culminaba en una cascada de masturbación. Pero, en realidad, lo peor estaba por suceder; comenzaba a invadirme un gran sentimiento de culpa, indignación y pérdida de valor como sujeto, llenándome más día tras día. Sin embargo, un tiempo después, volvía a caer en el hábito anterior.

Intentaba una y otra vez dejar de consumir, pero solo lograba crear un profundo y mucho mayor vacío interior, acompañado por una tremenda sensación de fracaso. La pregunta se repetía una y otra vez en mi cabeza: ¿cuándo lograré superarlo?

El siguiente cuadro describe lo que ocurre en el cerebro durante el proceso de adicción a la pornografía y masturbación. Lo he diseñado y lo comparto, ya que será de Gran Ayuda para entender cada una de las etapas.

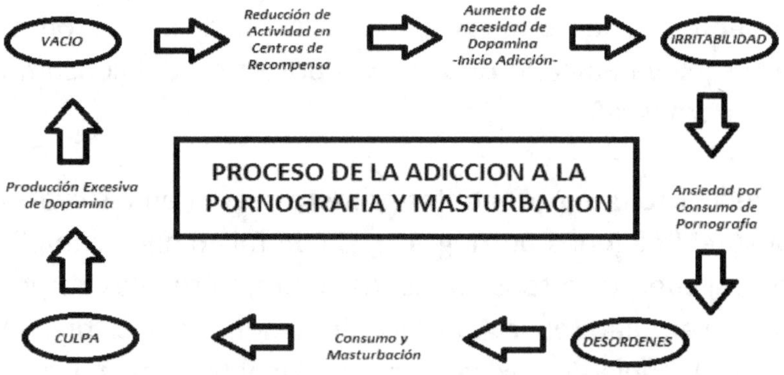

El proceso comienza con el Consumo de material pornográfico y la posterior Masturbación, aquí ocurren las sensaciones corporales que describí párrafos atrás. El cerebro produce una descarga fenomenal de Dopamina, neurotransmisor que genera una gran sensación de beneplácito, recompensa y placer. Los cinco sentidos se colocan en alerta temprana, ante cualquier posibilidad de descubierto del acto por parte de terceros, ocasionando una gran carga de estrés; no de estrés normal, sino de un estrés del tipo crónico, que provoca la liberación de cantidades anormales de adrenalina y cortisol (este proceso se diseña y gesta en el cerebro, más específicamente desde el hipotálamo). Las hormonas mencionadas producen un estado diferencial en el cuerpo, provocando las siguientes consecuencias:

- La adrenalina aumenta la frecuencia cardíaca provocando un desgaste cardíaco inusual, eleva la presión arterial y los suministros de energía, generando un desgaste del cuerpo en general.

- El cortisol aumenta los azúcares en el torrente sanguíneo (glucosa) para proveer al cerebro, y aumenta la disponibilidad de sustancias que están atentas a cualquier ataque al cuerpo. Limita las funciones no esenciales para dar lugar a las de supervivencia, lo que produce un desbalance químico y de la homeostasis (equilibrio de los sistemas) en el cuerpo. Altera las respuestas del sistema inmunitario, provocando mayor sensibilidad ante gérmenes, bacterias o virus. Suprime las funciones digestivas, produciendo problemas en estas áreas. Además, genera serios problemas en el sistema reproductor masculino y en el proceso de crecimiento celular.

Luego de este primer paso, cuando las implicancias hormonales empiezan a desaparecer, y las "revoluciones" bajan, es decir, el ritmo cardíaco se desacelera, la presión se estabiliza, los sistemas del cuerpo retornan su equilibrio habitual, comienza el sentimiento de Culpa, y muchas veces de autoflagelación. Este es un período oscuro y difícil de sobrellevar y casi con seguridad de absoluto hermetismo y secreto, porque compartir la situación con alguien o pedir ayuda, podría ser excesivamente vergonzoso.

El Exceso de producción de Dopamina, ese torrente hormonal que provocó una sensación de gran satisfacción, "HA PASADO"; y ahora, se advierte una nueva sensación, ya no existe la euforia recibida cuando el twister de dopamina alcanzó niveles exorbitantes, sino una sensación de Vacío. Al no poder compartir con alguna persona la situación, será necesario activar nuevamente el centro de recompensas, volviendo a caer en lo único que genera placer en este círculo vicioso; se produce entonces un encierro en búsqueda de la única solución posible de satisfacción: "MAS DOPAMINA" dice el cerebro.

De la misma manera que un adicto a drogas químicas, la cantidad de Dopamina anterior no es suficiente para lograr el mismo nivel de satisfacción anterior, ahora comienza a operar lo que denominé la "Escala Incremental de la Adicción"; será necesario generar estímulos cada vez mayores, para poder alcanzar el tan ansiado estado de beneplácito de los días anteriores, provocando un ascenso incremental de consumo de material pornográfico, es decir, pasar imágenes sensuales, a porno soft, porno hard, perversiones, etc.

La mayoría de los asesinos seriales han comenzado con el consumo de pornografía y se han rendido a la "Escala Incremental de la Adicción"

¿Sabía que la mayoría de los asesinos seriales han consumido pornografía a temprana edad?, posteriormente, su "Escala Incremental de la Adicción" los llevó a buscar cada día más y más estímulos que generasen placer interior.

Ted Bundy, asesino en serie, ejecutado en la silla eléctrica el 24 de enero de 1989, acusado de haber violado y matado a más de treinta mujeres, entre ellas menores de edad, un día antes de su ejecución pidió hablar con el Dr. James Dobson, presidente de Enfoque a la Familia, y le confesó el importante papel que tuvo la pornografía desde su adolescencia, para formar el asesino sanguinario en el que se convirtió. Su testimonio coincide con muchos casos similares.

El proceso de necesidad de conseguir en forma rápida el mismo nivel de satisfacción genera nerviosismo, irritabilidad e impaciencia, provocando ansiedad por consumir pornografía y su consecuente descarga en la masturbación.

Esta ansiedad tiene solamente dos caminos, acceder o resistir. En caso de acceder, el ciclo se vuelve a iniciar, pero a un nivel superior, como he explicado. En caso de no acceder, el cuerpo está repleto de ansiedad, el estrés embarga la vida una vez más, y se suceden todas las consecuencias descriptas anteriormente. Este estrés ya no se encuentra relacionado con el momento de consumo, sino con el momento de abstinencia, y genera desórdenes en todas las áreas de la vida. Las relaciones se resquebrajan, las prioridades cambian, los objetivos son bombardeados debido el cambio de prioridades y en caso de no buscar ayuda, el ciclo del Proceso de la Adicción a la Pornografía y la Masturbación se reinicia.

CAPÍTULO V – ¿Cuáles son los inicios en la vida?

Sentí la suave hendidura de la llave del cajón, sabía que dentro de él había algo que nunca antes había visto. Lo sabía, porque había espiado cuando lo escondieron y cerraron con llave aquel cajón. Por días y días me había preparado para este momento, el estrés había invadido varias veces mi principiante cuerpo de solo pensar que alguien me podrían descubrir en el acto.

Llegó el día, tomé la llave escondida en la parte superior del armario, a la cual solamente pude llegar ayudado por una silla, debido a mi baja estatura de seis años. Luego, con sigilo, me acerqué al cajón, que parecía cada vez más y más grande, producto de la adrenalina brotando a borbotones por todo mi cuerpo. Tembloroso pero alerta con mis cinco sentidos, logré introducir la llave y despacio, muy despacio, para que nadie pudiera escuchar, abrí aquel cajón. Podríamos llamarla la Caja de Pandora (la leyenda de Pandora cuenta lo siguiente: Zeus entregó a Pandora una caja, que no debería abrirse por ningún motivo; pero Pandora decidió abrirla y de ella salieron todos los males de la tierra; al volver a cerrarla, solamente pudo dejar dentro la Esperanza). Algo semejante me sucedió en ese momento, porque se liberaron tantos males en mi vida que, si tuviera la posibilidad de volver el tiempo atrás, me retractaría con seguridad de la decisión que tomé al abrir el cajón. Sin embargo, al igual que en la leyenda donde la esperanza quedó guardada, a través de estas páginas anhelo transmitir que existe una esperanza; la esperanza de la posibilidad real de salir de la esclavitud. Es necesario pagar un precio, pero es posible la libertad con el Señor Jesucristo y los métodos de ayuda que existen en la actualidad.

"Todo lo puedo en Cristo que me fortalece"

Filipenses 4:13

Tal vez su caso pueda ser similar al mío, o tal vez sea particularmente distinto, pero los vientos soplan de la misma manera en este barco de la Adicción a la Pornografía y la Masturbación; y el puerto al cual hemos de arribar, dependerá de la decisión de ignorar la verdad y continuar por los mismos caminos de la adicción, o bien buscar ayuda e iniciar el proceso de restauración y sanidad.

Es muy importante tomar conciencia que, al decidir continuar de la misma manera y no iniciar el camino necesario para modificar este rumbo, serán derribados los fundamentos más fuertes de la vida como ser humano. Tu Identidad será quebrantada, trayendo como consecuencia la separación con nuestro Creador, la intimidad con Dios será cada día más y más lejana. Tu cónyuge será destruido al descubra en lo que estás inmerso; la confianza será deteriorada hasta tal punto que muy posiblemente las circunstancias puedan provocar al divorcio. Si tienes hijos, ellos serán quebrantados por tus actitudes y cuando descubran el camino que estas transitando recibirán la autorización tácita de consumir ellos también, trasladando a tus hijos y futuras generaciones las maldiciones de la pornografía.

En este punto surgirá una pregunta interior: ¿por qué me inicié en este camino?, es el momento apropiado para comenzar la restauración y sanidad, descubriendo el inicio del hilo en el ovillo.

Será necesario detectar la verdadera raíz que provocó el inicio de esta Adicción, para comenzar el proceso de libertad. Posiblemente alguna persona cercana colaboró con la iniciación en este mundo, quizás un familiar o un amigo. Tal vez algún evento traumático marcó su vida y la pornografía solo fue la implacable circunstancia que afirmó dicho trauma, al igual que en mi caso, el abuso sexual fue el inicio y la pornografía solamente vino a afirmar la dependencia hacia los estímulos sexuales. Detectar el

SI NO LOGRAMOS ENCON-TRAR EL INICIO DE LA COMPULSION AL CON-SUMO DE PORNOGRAFÍA, DIFÍCILMENTE PODREMOS INICIAR EL PROCESO DE SANIDAD Y RESTAURA-CION

evento big bang de este derrotero (dirección de la nave en los mares, ríos o lagos) permitirá abrir la Caja de Pandora nuevamente, con el objetivo de rescatar la Esperanza allí guardada y ponerla en acción para obtener el galardón de la Sanidad.

Recordar los inicios ayudará a solucionar los problemas actuales, ya que será necesario para:

- Perdonar a quienes nos hicieron daño.
- Renunciar a los malos hábitos.
- Establecer el inicio de Patrones de Conducta Sanos
- Determinar metas a fin de lograr el éxito de la sanidad
- Perdonarnos a nosotros mismos.

Es muy importante destacar que, en la sociedad actual, atiborrada de estímulos sexuales en todos los ámbitos, inclusive en las escuelas, que eran un dominio casi infranqueable en décadas anteriores, las estadísticas del consumo de pornografía ya se han acercado entre hombres y mujeres. En años anteriores el dominio era casi exclusivo de los varones; sin embargo, una estadística publicada en diciembre de 2022 en el portal de alcance internacional Infobae, revela que en Argentina el consumo de pornografía se distribuye en un 53% de hombres y 47% de mujeres. Estas estadísticas demuestran que ya no es un ámbito reservado para el género masculino solamente. Otro dato muy importante es la edad de inicio en la exposición a materiales sexualmente explícito: a nivel mundial, el promedio se encuentra en los 11 años de edad; por otra parte, del total de jóvenes menores de 18 años que consumen pornografía, el 22% son niños menores de 10 años.

Dichas estadísticas confirman la temprana edad en la cual los niños son expuestos actualmente a materiales sexualmente explícitos, provocando graves consecuencias a nivel cerebral y en todo el cuerpo. Es indispensable entender que detectar el inicio de consumo de pornografía a la brevedad posible, es necesario para dar inicio a la Sanidad.

CAPÍTULO VI – ¿Cómo dejar de Consumir?

Corrían los años 80´, cuando proliferaba el furor de tiendas de alquileres de videos, los populares VHS; estas tiendas se reproducían por todo el mundo y era un negocio muy lucrativo. Igual situación se repetía con la venta de videocaseteras para el hogar, artículo que se conectaba al tv y era necesario para reproducir la cinta.

Mi adolescencia se desarrolló en este período, con la videocasetera en mi casa, debajo del televisor, casi como diciéndome "hey, aquí estoy, puedes poner la peli que quieras". En mi mente, la veía casi como una fuente inagotable de provisión de material sexual; existían solo dos barreras que impedían visualizar videos de contenido sexual explícito. En primer lugar, la vergüenza por entrar a la "zona roja" del videoclub; pero, como esa vergüenza ya la había superado cuando adquiría revistas para adultos a corta edad, solamente debía superar la segunda: reproducir las cintas en la casa donde también habitaban mis padres. Era realmente un gran desafío para mi cuerpo adolescente, cuyo estrés llegaba a puntos tales que, mezclados con la excitación de ver la película, destruían mi cuerpo en un cansancio casi grotesco. Mas grave aún era lo que ocurría dentro de mi cerebro, cuando las cascadas de dopamina impregnaban los centros de placer, que finalmente lograrían la constitución de un hábito, transformándose en una adicción sexual permanente. En las noches esperaba que mis padres se encontraran dormidos, -y me aseguraba de ello- para poder sacar del escondite la cinta que había ocultado luego de alquilarla; vivía momentos real y escabrosamente estresantes, que culminaban en una masturbación compulsiva y un vacío profundo lleno de culpa (ciclo detallado en el capítulo IV)

Como en muchas oportunidades, me preguntaba una y otra vez cuándo sería el momento en el cual yo podría dejar de hacerlo. En ese tiempo no conocía al Señor Jesucristo como actualmente, me engañaba a mí mismo diciendo que tenía el control, que no era nada malo, ya que todos los adolescentes de mi edad lo hacían; entonces ¿por qué yo no? Sin embargo, la retórica en mi mente dictaba día tras día: ¿cuándo podré dejarlo? Y muy en mi interior, yo sabía que me hundía cada vez más en un abismo oscuro y tormentoso, el cual solo quienes hemos vivido una adicción, conocemos.

Nuestra mente, la cual es abstracta, está sustentada en un órgano físico, el cerebro. El cerebro, como todo órgano del cuerpo, se nutre, alimenta, crece y cumple funciones. Durante su crecimiento o desarrollo, genera "Patrones de Conducta"; estos pueden ser maravillosos, desde cuidar, proteger, amar a las personas, hasta otros que rigen nuestro diario vivir como lavarnos los dientes. Los patrones de conducta se aprenden, y por repetición, los hacemos nuestros; pero el grave problema tiene que ver con aquellos patrones de conducta que yo llamo adictivos, puede ser la codependencia a las sustancias químicas, la comida, el verme bien -o mal- ante el espejo, o como es el caso de este libro, detallando que el uso de pornografía nos lleva a la creación de un "Patrón de Conducta Adictivo" hacia el consumo y la masturbación.

El problema, como podemos deducir, no es en sí mismo el consumo, sino sus consecuencias; y es en este punto donde cientos, o miles de veces, nos preguntamos cuándo podremos dejarlo. Cuando podremos destruir al monstruo de nos golpea en la intimidad de cada noche, ¿cuándo será ese momento? Aclaro que, con lo antes expresado, no digo que está bien consumir pornografía, está mal y es un problema; pero el verdadero peligro se encuentra posteriormente al primer consumo, el despegar hacia la adicción.

Sin lugar a dudas que es posible dejar esta adicción, es posible dejar atrás el consumo de pornografía y la masturbación. Un adolescente podría preguntarse, ¿es esto real para nosotros? Si, por supuesto que lo es y está al alcance de cada uno que quiera llevarlo a cabo.

Existe una cita maravillosa en la Palabra de Dios que afirma mis dichos, y cuando la encontré realmente cambió mi forma de pensar y actuar. En Romanos 8:37 el apóstol Pablo confirma que en Cristo nosotros somos más que vencedores, es decir, que estamos por sobre la victoria

"Antes, en todas estas cosas somos más que vencedores por medio de aquel que nos amó"

Romanos 8:37

natural, y Él nos ha dejado las herramientas necesarias para poder vencer.

La Madre de las Batallas está en nuestra mente, nuestra mente domina nuestras emociones, sentimientos y posteriores acciones que se desprenden de lo que consumimos y pensamos. Si logramos domar nuestra mente, entonces domaremos nuestras acciones y por lo tanto doblegaremos al monstruo que tanto nos inquieta día tras día.

Por lo tanto, respondiendo a la pregunta inicial del capítulo sobre la posibilidad de dejar de consumir pornografía, la respuesta es: SI ES POSIBLE.

CAPÍTULO VII – ¿Es posible ser Libre?

En el capítulo anterior, se ha respondido la pregunta acerca de la posibilidad de dejar el consumo, lo cual no es igual a ser libres. Estos conceptos son semejantes, sin embargo, no significan lo mismo, ya que dejar el consumo no provoca naturalmente la libertad de los patrones de conducta adictiva de la sexualidad. Como se ha comentado en capítulos anteriores, esta "droga" simplemente se activa a partir de recuerdos de imágenes consumidas, de allí su potencial peligro, pues no es necesario "consumir" nuevas imágenes para llegar al final de la película.

Transcurría mi adolescencia en el Instituto Militar, donde el consumo de pornografía se celebraba en hombría, pero se castigaba con disciplina. Es decir, como hombres era festejado, pero dentro de la institución no era permitido, ocasionando serias y severas sanciones. Este es un ejemplo muy acertado de los comentarios anteriores, no había consumo, pero se provocaba la proliferación a la adicción sexual en nuestras vidas, un signo notorio del machismo reinante en las fuerzas armadas.

Dicha conducta difiere totalmente de lo indicado por nuestro Señor y Su Palabra en Santiago 4:4: " *¡Gente adúltera! ¿No saben que la amistad con el mundo es enemistad con Dios? Por tanto, cualquiera que quiere ser amigo del mundo se constituye enemigo de Dios.*" Es decir que, estar de acuerdo con las normas y preceptos del mundo que consideran el consumo de pornografía y su final en la masturbación, como representativo de una mayor hombría, está en total contraposición con lo establecido por Dios acerca de nuestra vida y propósito. Por lo tanto, puedo asegurar, debido a mis experiencias vividas, que relataré en los capítulos siguientes, que el consumo de pornografía destruye poco a poco. Es un tumor que va creciendo día a día, en forma silenciosa, y va consumiendo el alma, el espíritu y el cuerpo; lamentablemente, al notar la situación, nos encontramos en rumbo de choque a las piedras de la desilusión. Al despertar a la verdad, es muy posible encontrarnos encallados en piedras tan filosas y dolorosas, provocando una gran dificultad de ser libres, requiriendo mucho esfuerzo y ayuda. No es lo más recomendable.

La pregunta específica planteada en este capítulo ¿es posible ser libre?, posee una respuesta: POR SUPUESTO

QUE SI. La Palabra de Dios, a través de nuestro Señor Jesucristo nos lo asegura, que en El podremos tener libertad y vida abundante, lo cual no se asemeja en nada a la esclavitud sexual, ni a los constantes ataques nocturnos que nos invaden el cuerpo durante la excitación, ni a los esfuerzos casi sobrehumanos realizados con las propias fuerzas a fin de abandonar el consumo sin obtener un resultado positivo. ¿Dónde está la vida abundante que Cristo nos

"El ladrón no viene sino para hurtar y matar y destruir; yo he venido para que tengan vida, y para que la tengan en abundancia."

Juan 10:10

promete? Se encuentra al alcance de las manos, pero será necesario pagar un precio, ser constantes y no desistir en el camino.

Muchas personas en esta situación adictiva han perdido la esperanza, han caído tantas veces que sus doloridas rodillas desean flaquear para caer en el suelo y no volver a levantarse. Sin embargo, no todo está perdido, Dios sí cree en usted, aunque personalmente no lo crea. Dios tiene las expectativas de un Padre amoroso para su vida, aun cuando no haya podido experimentar a un padre físico de tales características.

El proceso de seguro no será fácil, requerirá de tiempo, disciplina y control de terceros sobre su vida; pero tomar la decisión de seguir adelante asegura un futuro donde el éxito de ser Libre está garantizado. Será necesario habilitar el corazón para que Dios lo pueda sanar, abrirlo para sacar los más oscuros recuerdos, las peores pesadillas vividas o provocadas en la vida de otros. Tal vez, situaciones que confrontan a la legalidad, pero que es indispensable confesar para ser sanos y Libres.

Al finalizar de este libro habremos recorrido un camino para readecuar nuestros pensamientos; será una guía para encontrar el rumbo necesario para salir de la adicción a la pornografía. Es posible que al leer estas líneas parezca verdaderamente imposible; sin embargo, puedo asegurar que intentarlo con determinación, disciplina y una relación íntima con nuestro Padre Dios, el Señor Jesucristo y el Amado Espíritu Santo resultara en el abandono definitivo de la adicción.

CAPÍTULO VIII – Falta de Libertad. Consecuencias

Mis manos húmedas, casi como si las acabara de lavar, el frío hilo del agua del sudor corriendo por mi espalda, el temblor en mi cabeza acompañado por un dolor agudo que parecía a punto de explotar, solo existía una explicación: mi esposa había descubierto mi consumo de pornografía.

> **SOLO EXISTÍA UNA EXPLICACIÓN: "MI ESPOSA HABÍA DESCUBIERTO MI CONSUMO DE PORNOGRAFÍA"**

Los torrentes de cortisol liberados por mi cuerpo generaban que mi estómago se viese envuelto en un nudo gástrico, casi palpable desde el exterior; dolor intenso, al punto de casi arrodillarme. El hipotálamo había dado la orden y las glándulas suprarrenales habían obedecido: la adrenalina había sido liberada, estaba ya en mi torrente sanguíneo y por consiguiente había ingresado a mi corazón y el ritmo cardíaco había subido frenéticamente, percibiendo cada latido en todo mi cuerpo. A pesar de este frenesí interminable, parecía que todo se desarrollaba en cámara lenta, escuchando el sufrimiento de mi esposa al manifestarme su decepción, y su llanto solo hacía que pudiera sentir mayor culpa aún.

La confianza construida en años, se destruye en un segundo; la comunicación se corta y comienza un proceso de deterioro constante, salvo que podamos llevarlo adelante buscando la ayuda necesaria. La decadencia es inevitable si mantenemos el secreto. El fin está escrito.

La situación antes presentada puede ser muy común, sea que se trate de un hombre o una mujer, es indistinto, las consecuencias a esta adicción no distinguen género, edad, raza o fronteras, simplemente provoca una colisión contra la pared de la decepción y el fracaso al final del camino. Por ello es necesario confesar la adicción a una persona de confianza, a fin que Dios nos pueda sanar, tal como expresa la Biblia en Santiago 5:16.

La confesión es necesaria, no para evitar afrontar las consecuencias provocadas por la culpa, sino, como fruto digno de mostrar un verdadero arrepentimiento. Es probable que, al ser descubiertos por el cónyuge, este suponga que el único motivo de la confesión se debe necesariamente al descubrimiento del consumo. Por ello, es recomendable confesar este problema antes que el cónyuge lo descubra por sí mismo. De esta manera, es mucho más fácil recomponer la confianza.

Existen otras consecuencias físicas, almáticas y espirituales que surgen de realizar este consumo adictivo, enunciadas a continuación a fin de concientizar al lector acerca de los efectos a sufrir en caso de no buscar la ayuda necesaria.

En el caso de una persona joven, tal como se mencionó en capítulos iniciales, el volumen de materia gris del cerebro se vería disminuido, afectando áreas más específicas como el lóbulo frontal con una seria disminución del rendimiento cognitivo, que son las habilidades y capacidades del cerebro, para funcionar y trabajar, con la información que les proveen los sentidos. Sencillamente, la inteligencia se verá disminuida.

Otra de las situaciones a prestar considerar, es el estado de super estimulación, provocado por la gran producción de dopamina; cuando se consume pornografía, los centros de placer del cerebro pierden la capacidad de generar satisfacción por actividades normales como el deporte, tiempo de conexión familiar, viajes, etc. y son reemplazados por tiempo de profundo aislamiento en búsqueda del placer obtenido con anterioridad. Cada vez es necesaria mayor estimulación para llegar al mismo resultado, como se detalló en capítulos anteriores.

La indiferencia o apatía sexual hacia el cónyuge es un síntoma inequívoco de estar involucrados en el consumo, incluso la impotencia sexual masculina/femenina pueden deberse a situaciones de alto consumo pornográfico y posterior masturbación.

El aislamiento trae serias consecuencias, debido al cambio de prioridades en las personas, dejando de lado tareas imprescindibles como el trabajo o provocando la pérdida del mismo, llevando al desorden y posterior depresión, y como consecuencia final, profundizar mucho más la crisis. El "patrón de conducta adictivo" seguirá generando su incremento, con el monstruo creciendo y creciendo cada vez más, hasta llegar a finales casi cinematográficos en la vida de los individuos involucrados.

El consumo de material sexual, sea explícito o no, desarrolla plasticidad neuronal, es decir, la capacidad que posee el cerebro de generar cambios y adaptarse tras una determinada experiencia. En definitiva, el cerebro genera una nueva plasticidad neuronal que establecerá a la larga el "patrón de conducta adictiva" lo que se convertirá en la adicción tratada en este libro.

Cuando una persona deja de consumir, o se propone abandonar la adicción, sumado a las disfunciones sexuales mencionadas anteriormente, se producirá un déficit del neurotransmisor -dopamina- provocando en el individuo, una mayor propensión a la depresión y ansiedad, generando una calidad de vida nefasta y una salud mental en continuo deterioro. En este punto es indispensable, por consiguiente, el acompañamiento del individuo.

Debido a que las escenas sexuales explícitas no son el modelo de Dios para las relaciones íntimas, muchas veces existen escenas sexuales violentas. En relación a este tema, el Dr. Marcos Lacoboni, profesor de psiquiatría de la Universidad de California -Los Ángeles- conjetura que estos sistemas pueden llegar a estimular el comportamiento violento de los usuarios, ya que el cerebro posee un mecanismo imitador automático cuando se activan los centros de placer.

Otro de los graves problemas a considerar, es que el consumo a temprana edad fomentará la práctica de conductas sexuales riesgosas, con el consiguiente problema de enfermedades de transmisión sexual a causa de la promiscuidad que se desarrolla por la sobreestimulación sexual temprana. También se ha detectado que el mayor deseo sexual, insatisfecho en estos individuos, hace que las parejas de los consumidores de pornografía, puedan recibir actos de violencia en sus relaciones de vida cotidianas. Situación que lleva en crisis matrimoniales y familiares. Los individuos ven a sus cónyuges como objetos sexuales y se pierde la esencia de Dios para las personas, que es el Amor.

El Amor fue, es y siempre será el Amor, porque como dice la Palabra de Dios en 1 Juan 4:8: "El que no ama no conoce a Dios, porque Dios es Amor"

Toda relación, sea familiar o del ámbito social debe estar fundamentada en este precepto, porque es la esencia misma de Dios, nuestro Padre y Creador. Si Dios fuera el centro de nuestra vida, el consumo de pornografía posiblemente no ocurriría.

Yo reconozco que, en las épocas de mayor consumo de pornografía, me alejé de Su Amor y me autocensuré al estar con Él. Ese fue mi Gran Error, no le aconsejo cometerlo.

CAPÍTULO IX – Entendiendo la Gracia

Su llanto casi imperceptible, su mirada tierna y apacible, su dulce voz a pesar del dolor y sufrimiento por el cual estaba transitando, acallaron mi incomprendida manera de dar vanas explicaciones, un simple "si, te perdono" bastó para que mi esposa pudiera ayudarme a ser sano. Con seguridad no fue una, sino varias veces que este valle de lágrimas la aquejó, pero ella tenía la certeza de que al final del camino venceríamos.

Perseveró y perseveró, sabiendo que no era contra Sergio que peleaba, aún sin saber a qué tipo de bestia se enfrentaba, porque nunca la había padecido una adicción personalmente. Entendí que era por Gracia que lo hizo.

Es mucho mayor aún la Gracia de Dios para con nosotros, una Gracia que no merecemos, pero que por Amor el Señor la hizo realidad. Gracia es un regalo, un presente. Gracia es el Regalo de Dios para nosotros.

Comprender este concepto es fundamental para descubrir que la Sanidad y Libertad son una posibilidad real. Antes de entender la gracia de Dios, solo reinarán la acusación y la culpa, provocando un espiral descendente de matices verdaderamente siniestros, pudiendo culminar con la pérdida de la vida.

El camino a la sanidad comienza al entender verdaderamente el sacrificio que Jesucristo realizó en la cruz del calvario por todos, no solamente por quienes no consumen pornografía, sino por todos.

> *"Sin el acompañamiento de los seres amados, será difícil la sanidad..."*

Es necesario que los cónyuges y la familia de quienes consumen habitualmente pornografía, emprendan la etapa de sanidad acompañando con amor, aún sin una comprensión total, pero si con misericordia, este nuevo desafío. No se pretende justificar ni autorizar las acciones del individuo en el aspecto tratado, ni minimizar el pecado cometido, sino poder comprender que el proceso exitoso de sanidad involucra a todo el universo de la persona, interior y exterior. Se requerirá tomar conciencia que, sin el acompañamiento de los seres amados, será difícil la sanidad. Es una situación casi incoherente, ya que los directamente dañados con este accionar son el círculo íntimo, las personas más amadas. Quizás suene hipócrita creer que de verdad el adicto las ama, habiendo ocasionado tanto daño a través de las mentiras y ocultamientos; sin embargo, ese amor genera el impulso para dejar de consumir, es por este amor que será necesario hacer lo posible para salir adelante juntos. El logro es conjunto, no individual.

Dios es bueno y fiel, Él conoce de antemano la vida de cada persona, y respeta las decisiones tomadas y, sobre todo, espera pacientemente que las mentiras mentales sobre poder manejar la situación, desencadenen un precipicio a la desesperación, y lleven al adicto a rendirse a Sus pies. Hasta el ateo más acérrimo siente en su interior, que algo no funciona bien cuando está atado a una adicción sexual.

Las mentiras del mundo actual aseguran que es normal y necesario consumir pornografía para lograr la excitación en la pareja, afirmación que, a nivel orgánico y cerebral, sería similar a decir que una persona cansada por trabajar consuma cocaína para lograr de una dosis extra de fuerza. Esta concepción es entonces incorrecta, y es conveniente ser consciente de las consecuencias que deberán asumirse en caso de continuar este rumbo. La única manera de caminar en un derrotero diferente (derrotero = dirección en que se navega en un barco) es aferrarse a la Gracia Inmerecida de Dios, de lo contrario, la carga de incrementalidad (Escala Incremental de Adicción) provoca una mayor velocidad al viaje, y con certeza, provoca el encallamiento personal donde las duras, finas y dolorosas rocas del fracaso y decepción se harán realidad.

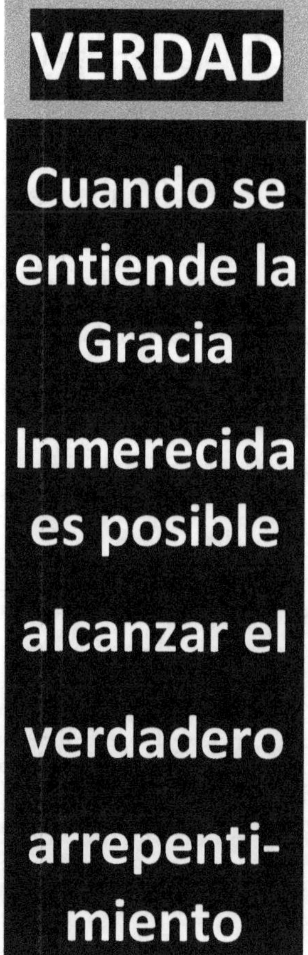

Cuando se entiende la Gracia Inmerecida es posible alcanzar el verdadero arrepentimiento; ya que es muy difícil fallarle a un Dios tan maravilloso que ha enviado a Su Hijo a morir por nosotros, simplemente por amor. Al comprender esta verdad, los pensamientos comienzan a cambiar.

Los pensamientos cambian debido a una nueva Plasticidad Neuronal, es decir, que el cerebro está comenzando a ser modificado. El cambio de pensamiento da inicio a un proceso que puede durar de 1 a 5 años para lograr salir de esta esclavitud. La mente debe ser renovada, para que el cerebro se reorganice orgánicamente, haga un reseteo y se reinicie en varias áreas, donde se encuentran enquistadas las raíces que provocan la adicción sexual. Este proceso es denominado por la ciencia "epigenética". Una vez que comience el proceso, se podrán observar mejoras no solo en el área de las relaciones sino también en el plano físico orgánico; es decir, se producirán mejorarás en la salud y el bienestar. El apóstol Pablo, el mayor escritor del nuevo testamento, lo manifiesta en su carta a los cristianos de Roma:

---

*"No os conforméis a este siglo, sino transformaos por medio de la **renovación de vuestro entendimiento**, para que comprobéis cuál sea la buena voluntad de Dios, agradable y perfecta."*

Romanos 12:2

Existe algo mucho más profundo a entender, a través de un versículo, para ayudar en la visualización de una manera más asertiva, que la Gracia de Dios opera en circunstancias que los seres humanos, no pueden asimilar a través del razonamiento diario. Solamente es posible comprenderlo desde el punto de vista de la razón espiritual de cada uno. La Gracia es inmerecida ya que no existe forma de pagarla y el rescate que el Sr. Jesucristo hizo por la humanidad, aun siendo pecadores, implica un mayor compromiso con Él.

*"**Y me ha dicho bástate mi Gracia, porque mi Poder se perfecciona en la debilidad.** Por lo tanto, de buena gana me gloriaré más bien en mis debilidades, para que repose sobre mí el poder de Cristo."*

2 Corintios 12:9

El Padre conoce las constantes debilidades de cada persona, y guio a su siervo Pablo para escribir una maravillosa Palabra cuando se encontraba completamente angustiado debido a lo que él denomina el "aguijón". En esta situación pidió tres veces a Dios que se lo quite, recibiendo una respuesta plasmada en 2 Corintios 12:9. La pregunta que surge de sta historia, aplicada a la adicción sexual de una persona es: ¿por qué el Señor no la quita? La respuesta surge del hecho que la Gracia no funciona con un interruptor On/Off, es decir, que Dios no lo quita automáticamente, sino que cada persona debe decidir rendirse a Sus pies y aceptar en Su Gracia, el hecho de ser débil y la imposibilidad de luchar en soledad con la bestia de la pornografía. Al aceptar esta debilidad, se recibe mayor Poder de Cristo para ser Libre. A medida que se logra mayor consciencia de la inalcanzable libertad individual, más se acerca la victoria. De manera contraria, mayor autosuficiencia, provoca un hundimiento en el barro del fracaso y la desesperación. Es muy importante no darse por vencido, en ocasiones surge esta posibilidad durante el proceso. En mi caso, lo consideré cuando las discusiones con mi esposa se hacían insoportables, o cuando, si bien efectuaba promesas desde lo profundo de mi corazón, en mi interior sabía que a la larga o a la corta, volvería a fallar, ya que eran promesas hechas desde mi corazón humano y no desde las fuerzas de nuestro salvador Jesucristo. Solo cuando reconocí a Jesús como mi Salvación en el consumo, pude comenzar a salir de la profundidad del abismo en que me había hundido.

CAPÍTULO X – Proceso

La máquina de pesas marcaba solo 35 kilogramos, mi instinto me decían que cargar 5 kilogramos más sería peligroso para mí, pero la adrenalina ya estaba fluyendo por mi cuerpo y el aumento de los latidos del corazón empezaron a empujarme a cargar estos 5 adicionales. Finalmente lo hice y cuando empecé a realizar los ejercicios sentí un dolor agudo en mi codo derecho. Había ocurrido lo que mi razonamiento decía, pero mi pasión suprimía, me había lesionado.

Mi entrenador, Gabriel, acercándose, me hizo la pregunta fatídica: ¿acaso no te había dicho que debías avanzar de a poco?, pero la situación ya estaba consumada, la tendinitis ahora estaba en su apogeo. En resumidas cuentas, este percance significó no poder entrenar por casi 4 meses hasta que la unión del codo con el bíceps de mi brazo derecho se normalizó. Luego, para nuevamente llegar al peso anterior me llevó otros dos meses más, y para cargar esos fatídicos 5 kg adicionales debió pasar otro mes adicional; en total 7 meses, ¡más de medio año!

¿A qué viene todo este relato? Tal vez se sienta identificado o tal vez no, pero lo cierto es que, por querer saltear el "debido proceso" (así lo mencionan los capacitados en las leyes), me aconteció un hecho de características negativas, una lesión que en definitiva me alejó mucho más del camino que quería recorrer.

Los Procesos, en todos los órdenes de la vida, son sanos y están generalmente diseñados para lograr el desarrollo en diversas áreas. De hecho, la vida misma es un proceso, el ser humano nace, se desarrolla, crece, envejece y muere; es inevitable e imposible de adelantar. Sin embargo, en cuestiones de sanidad se suele buscar el camino corto y menos costoso. Un consejo: "Nunca debe despreciarse un proceso, porque el tiempo que será necesario para recuperar las consecuencias de no hacerlo, será siempre mayor al que utilizado en el mismo". Considerando lo relatado al inicio de este capítulo, si yo hubiera esperado tal vez como máximo un mes para cargar los ansiados 5 kilogramos extras, no tendría que haber perdido los 7 meses adicionales.

Los procesos de sanidad del alma recorren caminos escabrosos, muchas veces muy dolorosos, pero aseguran tiempos, en el futuro, de maravilloso y constante crecimiento. Seguramente se requerirá pagar un precio, pero bien vale la pena. Los procesos implican crecimiento personal, desarrollo del carácter y preparación para lo que vendrá; pero requieren de la adquisición de hábitos individuales que cada persona debe poner en marcha. El primero de ellos es la Disciplina, sin esta maravillosa pero muy costosa característica, es imposible llevar a buen puerto una sanidad completa. La Disciplina permite lograr la constancia y mantener el ritmo de crecimiento, sin ella se producirá una deserción al poco tiempo de comenzar el proceso, ya sea por cansancio o situaciones negativas. Imagínese qué hubiera pasado si me daba por vencido el día que sufrí la tendinitis en mi codo derecho, tal vez nunca más hubiera vuelto al gym.

La sociedad actual invita a ser cada día más indisciplinados, bajo el lema de la Libertad, se ha caído en el libertinaje, llevando a las nuevas generaciones a destruir las perspectivas de crecimiento en este sentido. La Palabra de Dios indica que todo debe hacerse decentemente y en orden, 1 Corintios 14:40.

"pero hacedlo todo decentemente y en orden"

1 Corintios 14:40

La falta de disciplina en los procesos de sanidad en el área de la pornografía y masturbación, solamente aseguran el fracaso.

El segundo hábito a desarrollar es la Sujeción, es decir, el respeto a la autoridad. Es necesario entender la imposibilidad de lograr el éxito de manera solitaria, por lo cual, será indispensable conceder TODA AUTORIDAD a la persona de confianza que actúe como mentor y compañero, para ejercer cualquier llamado de atención en los aspectos que considere apropiado corregir. Actualmente, la autoridad se ha desvirtuado significativamente en la vida cotidiana, los jóvenes de hoy profesan lo anárquico por encima de la autoridad, situación que lleva a un fracaso seguro.

La Disciplina y Sujeción serán clave en el proceso de sanidad en la Adicción a la Pornografía y Masturbación. En dicho proceso se determinarán los aspectos tratados en los siguientes capítulos.

Es importante destacar que el cónyuge, sea hombre o mujer, cumple un papel fundamental en el Proceso de Sanidad de la Adicción a la Pornografía y Masturbación, y en caso de existir una adicción en ambos cónyuges, es aún mayor la necesidad de que la Disciplina y Sujeción formen parte indispensable en este caminar.

CAPÍTULO XI – Educando los sentidos

La luz del semáforo, deduje yo, dio rojo, ya que el bus de adelante se había detenido, con el singular sonido de sus frenos neumáticos y el aire escapando por los fuelles que provocaba la turbulencia de polvo debajo del mismo. Pero no fue sino hasta segundos después que pude observar su parte posterior en toda magnitud. Allí se podía apreciar una imagen que hasta aquel momento era total y completamente normal a mi alrededor, pero a partir de entonces cobró otro tipo de pensamiento en mi mente, debido a las maravillosas miradas advertidoras de mi adorable esposa.

En ese enorme parabrisas trasero se encontraba una inmensa gráfica de una bella dama en bikini, un diminuto bikini azul, con unos hermosos zapatos al tono, de taco aguja, quien se recostaba provocativamente en un "artículo decorativo", un amortiguador de automóvil. La publicidad promocionaba el amortiguador, pero la pregunta es ¿por qué la bella dama con un atuendo y actitud provocativa formaba parte de la misma? Las personas que se dedican al marketing y la publicidad conocen y utilizan los estudios realizados sobre el efecto que causan las distintas imágenes en el cerebro humano, sus reacciones y estímulos. Los artículos para automóviles, generalmente son adquiridos por el género masculino, por lo cual las publicidades de los mismos suelen poseer contenido sensual en su gráfica. Las imágenes de este tipo afectan el cerebro, más específicamente la región de la corteza prefrontal (parte del cerebro que está detrás de la frente) y la amígdala (similar a su homónima de la garganta), recibiendo impulsos primarios, de manera similar a lo que ocurre durante el consumo de pornografía; se produce la liberación de neurotransmisores como la dopamina, que excitan los centros de placer para obtener la recompensa de la satisfacción por observar dichas imágenes. Teniendo esto en cuenta, el primer sentido a educar corresponde a la vista, que debe ser ejercitada para controlar observar imágenes que puedan causar efecto dañino en la mente y el cuerpo.

"La lámpara del cuerpo es el ojo; así que, si tu ojo es bueno, todo tu cuerpo estará lleno de luz; [23] pero si tu ojo es maligno, todo tu cuerpo estará en tinieblas. Así que, si la luz que en ti hay es tinieblas, ¿cuántas no serán las mismas tinieblas?"

Mateo 6.22-24

Para ello, es necesario un proceso de decisión -léase Proceso de Disciplina y Sujeción- que debe ejercitarse hasta que se convierta en una forma automática de actuar, evitando las imágenes que diariamente surgen de los sistemas de comunicación.

En referencia a los sistemas de comunicación, deben considerarse no solo aquellos tradicionalmente conocidos, sino también los que en la actualidad han tomado preponderancia, por su masificación y privacidad de consumo, "las redes sociales" en sus diferentes modalidades. Cabe resaltar la "privacidad de consumo", ya que no existe privacidad en las mismas. Las redes sociales son públicas y toda la información que se vierte en ellas, o las que se

En referencia a los sistemas de comunicación, deben considerarse no solo aquellos tradicionalmente conocidos, sino también aquellos que en la actualidad han tomado preponderancia, por su masificación y privacidad de consumo, "las redes sociales" en sus diferentes modalidades.

consume, se pueden rastrear. El usuario posee una falsa idea sobre el hecho que su consumo es privado, basados en que quienes lo rodean no pueden verlo durante el acto. Sin embargo, son incontables las situaciones en las cuales, debido a esta falsa creencia de privacidad, jóvenes adolescentes han vivido momentos críticos luego de publicar material íntimo supuestamente confidencial, el cual se ha masificado en un breve y corto período de tiempo.

El segundo sentido que es necesario educar es el auditivo. Comparto esta historia verídica que le ocurrió a un amigo personal al cual respeto y es de sumo crecimiento para mi vida. La historia se desarrolla durante su horario laboral, sus compañeros de trabajo, de diferentes creencias, escuchaban música que obviamente también llegaba a su oído. Una de tantas canciones reproducidas, repetía una frase innegablemente tentadora: "cómo me gusta la noche", con un ritmo muy fácil de recordar. Varios días después de escuchar constantemente esta frase, mi amigo se encontraba conduciendo su automóvil en compañía de su familia, compuesta de su esposa y su hija pequeña, cuando, al detenerse ante un semáforo rojo, escucha un sonido conocido que proviene del reproductor de música de un vehículo a su lado; "cómo me gusta la noche". Mi amigo, en la espera de la luz verde y sin pensarlo siquiera, casi como un acto instintivo, comienza a cantar esa misma melodía. Inmediatamente, su esposa lo mira, si, como todas las esposas miran cuando algo hacemos mal, y le dice con tono desafiante: explícale a nuestra hija cómo es que sabes esa canción. Moraleja de esta situación: lo que ingresa al cerebro a través de la recolección de los sentidos, no es inerte (que no produce efectos), especialmente en cuanto a la audición. Todo lo recibido del exterior se graba en el cerebro, y como consecuencia afecta las decisiones tomadas constantemente. Es indispensable tomar conciencia que, todo lo que se escucha alimenta el cerebro (y el cuerpo), ya sea para bien o produciendo una extrema desnutrición almática y espiritual.

> *"Es indispensable tomar consciencia que, todo lo que se escucha alimenta el cerebro (y el cuerpo), ya sea para bien o produciendo una extrema desnutrición almática y espiritual"*

El tercer sentido a tener en cuenta, es el tacto, es el toque físico. El roce o contacto directo provoca que el cerebro se estimule con dopamina, pero también produce la segregación de serotonina, un neurotransmisor asociado con los acercamientos físicos afectuosos.

Lo más importante es que el contacto físico, ya sea por un abrazo, un beso o una caricia, genera la liberación de oxitocina, la llamada hormona del amor; esta hormona induce al llamado amor eros, comúnmente conocido como enamoramiento. En forma directa, no es amor (el amor es una decisión), sino una confluencia física entre dos personas. Es necesario educar este aspecto, a fin de limitar la estimulación que pueden provocar frustraciones o un alto grado de excitación; lo cual, por obvias razones, desencadenar en el consumo de pornografía, masturbación; y fortalecimiento de la adicción.

"Todo me es lícito, pero no todo conviene; todo me es lícito, pero no todo edifica."

---

1 Corintios 10:23

CAPÍTULO XII – Ocupando bien el tiempo

En mi primer año de estudios universitarios, soy contador público, vivía solo, o con un compañero para cubrir los gastos. Durante el segundo año de cursado, comencé a trabajar en el rubro de las finanzas, y mi estado económico mejoró considerablemente. Sin embargo, lo peor de este tiempo de mi vida era disponer de mi tiempo.

Cuando me refiero que era lo peor, no lo estoy diciendo figuradamente, lo creo desde lo profundo de mi ser. De haber sabido entonces lo que estoy a punto de revelar, seguramente no hubiera alcanzado los niveles adictivos de pornografía que transité.

El vivir solo, contar con cierta autonomía económica, y poseer únicamente compromisos con el estudio y el trabajo, generaba que mucho del tiempo sobrante en mi diario vivir me encontraba ocioso, es decir desocupado. En aquél entonces no era cristiano, ni tenía los valores que poseo actualmente; lo cual me ubicó en una seria desventaja.

El tiempo no es solo un reloj cuyas manecillas corren hacia adelante en un constante y perfecto vector; es un viaje solamente de ida, un recurso irrecuperable, un regalo maravilloso. Sobre todas las cosas hay que saber utilizarlo.

"15 Mirad, pues, con cuidado cómo andéis, no como necios, sino como sabios, 16 **aprovechando bien el tiempo, porque los días son malos"**

Efesios 5:15-16

Uno de los mayores problemas para el combate contra la adicción a la pornografía y masturbación, es el tiempo ocioso en soledad, los momentos en donde la mente esta desocupada y no hay personas a nuestro alrededor. Son estos los momentos más difíciles de transitar, debido a que el enemigo es cruelmente tentador, y será muy difícil resistir.

Existe una frase muy conocida en el ámbito latinoamericano: "cabeza vacía, taller del diablo", la cual refiere precisamente a los momentos en los cuales la persona se encuentra sola, sin una actividad en particular, ni programada o planificada. En este punto, es indispensable encender la luz amarilla de precaución, ya que surge la oportunidad precisa para empezar a consumir, y la prevención marcara la diferencia entre resistir o ceder a la tentación.

La prevención es una de las características descriptas en el Proceso, y forma parte de la Disciplina. Debe ser una doctrina ocupar constantemente el tiempo en actividades que sean de crecimiento. Estas son ocasiones muy propicias para planificar acciones futuras y llevarlas a cabo. Por ejemplo, practicar deportes de manera habitual y constante, donde los compañeros de competencia ayudarán a evitar el consumo de pornografía, aún sin siquiera percibirlo.

Es, asimismo, un buen tiempo para llevar a cabo hobbies abandonados, o comenzar una nueva actividad ansiada y relegada por mucho tiempo. Un conocido refrán versa: "con el tiempo y paciencia se adquiere la ciencia". El mismo se aplica a los procesos de sanidad y libertad mencionados, mantener el camino con paciencia, traerá los resultados esperados. Lo más importante es no desistir, sino continuar con las actividades rompe ocio establecidas.

Es de importancia cualitativa, en lo posible, no permanecer en soledad en los momentos de ocio, a fin que, si los pensamientos de consumo aparecen, la presencia de personas alrededor, frenen los deseos de realizarlo.

Es indispensable cortar de raíz TODOS los materiales para el consumo de pornografía que se encuentren al alcance. Eliminar aquellos que sean impresos, instalar algún sistema que frene páginas pornográficas en dispositivos con acceso a internet, y que rinda cuentas a otra persona, no adicta, de las páginas visitadas. Desinstalar aplicaciones y bloquear dispositivos que sean de tropiezo. Abandonar redes sociales que estorben la sanidad. Las acciones deben ser radicales, no dando a lugar a duda alguna durante el proceso. Recordar: disciplina y sujeción, características básicas para lograr el éxito.

> **ES INDISPENSABLE CORTAR DE RAÍZ TODOS LOS MATERIALES PARA EL CONSUMO DE PORNOGRAFIA QUE ESTEN AL ALCANCE.**

Un factor extra a tener en cuenta, se refiere a las personas con quienes existen relaciones cercanas. Si dichas amistades contribuyen a la práctica de actividades con propensión al consumo o tentación de hacerlo, o bien no respetan la decisión tomada sobre dejar el hábito, corresponde el alejamiento total de los mismos.

CAPÍTULO XIII – Rindiendo cuentas

Mis pupilas dilatadas, voz temblorosa, alto nivel de estrés, intentando que los tres individuos frente a mí no lo notaran. Ellos conformaban la mesa examinadora de una materia en mi carrera de contador público. El bolillero a la espera de mi mano para hacerlo girar, las bolillas de las unidades dentro del mismo casi me hablaban, diciéndome que ellas me pondrían a prueba. Pero la verdad no eran las bolillas, eran los profesores quienes lo harían, examinarían mis conocimientos, y de sobrellevar la prueba exitosamente, aprobaría el examen final. En definitiva, ante ellos yo debía Rendir Cuentas.

Unas de las claves para mantener el camino de la excelencia en cualquier área de la vida, se encuentra en la práctica de rendición de cuentas.

Una de las Claves para mantener el camino de la Excelencia es:

RENDIR CUENTAS

Generalmente, es difícil explicar a un tercero temas de la vida personal, máxime aún si se relacionan con la intimidad. Es una reacción normal; de hecho, los niños a corta edad intentan justificar sus actos, o muchas veces ocultarlos de la vista de los adultos. Es un proceso casi automático ligado a la supervivencia. Sin embargo, en el caso de la adicción al consumo de pornografía, la práctica de ocultar hechos pertinentes, guardarlos secretamente pensando que es posible controlarlo, es dirigirse a un suicidio anunciado. La única manera de poder salir adelante, ligado a las otras herramientas del proceso mencionadas en este libro, es el hábito de rendir cuentas.

No solamente rendir cuentas, sino también contar con una persona de confianza que efectúe llamados de atención en momentos de debilidad.

La persona elegida debe contar con total libertad para efectuar las preguntas pertinentes sobre cualquier aspecto que considere necesario a fin de efectuar un examen cotidiano. En general, es recomendable que sea de mayor edad, posea el permiso de señalar situaciones de alarma en las áreas que considere necesidad de corrección y bajo ninguna circunstancia dicha persona consuma pornografía. Esta última condición parece obvia, pero es erróneo creer que existe la posibilidad de salir juntos de la misma esclavitud.

Rendir Cuentas se relaciona con el segundo aspecto del Proceso, la Sujeción; ya que cada individuo involucrado en la adicción y con miras a superarla, debe comprender y aceptar el control por parte de un tercero.

El hecho de no hacerlo, llevará a un fracaso asegurado. Todos los casos conocidos de personas adictas a la pornografía y a la masturbación, o a sustancias como droga, alcohol y otras, han logrado salir adelante y ser sanos, contando con un mentor a quien rendir cuentas de manera normal.

La Biblia lo menciona, confesar las ofensas y orar los unos por los otros, produce la sanidad de Dios. Por lo tanto, en caso de no confesar, aún dedicando mucho tiempo a la oración y el clamor, Dios no puede proceder a la sanidad; no porque Él no desee o pueda hacerlo, sino porque contradice lo establecido en Su Palabra en Santiago 5:16.

Rendir cuentas debe ser algo cotidiano, no esporádico, con comunicaciones diarias y reuniones semanales, a fin que el mentor pueda conocer cada situación que se presente y el avance del proceso, para poder brindar toda la ayuda y apoyo posible.

La necesidad de estar rindiendo cuentas no es optativa, es una obligación necesaria para lograr la sanidad en el área del consumo de la pornografía y la masturbación.

> *"La necesidad de estar Rindiendo Cuentas no es Optativa, es una Obligación necesaria para lograr la Sanidad"*

En la mente se verán fortalecidas neuro plasticidades relacionadas con la observancia de rendir cuentas; es decir, día tras día se genera una mayor vergüenza al consumir y una mayor facilidad y rapidez de confesar dichos actos en caso de ocurrir. Como consecuencia, estos eventos ilícitos comienzan a ser menos frecuentes, hasta lograr fortalecer la plasticidad de otro hábito sano y positivo que reemplace el consumo de pornografía y masturbación.

CAPÍTULO XIV – Ayuno

La sensación era de un vacío extremo, me dolía el estómago, lo sentía casi palpitando, sintiendo cómo el ardor dentro de mí se incrementaba. Intentaba no poner mi atención en ello, pero las contracciones espasmódicas se hacían cada vez más intensas. Tomé un vaso de agua, que calmó transitoriamente la horrible sensación de hambre. Era el tercer día de ayuno, los dos anteriores fueron llevaderos, pero este me estaba tratando realmente mal.

El sistema digestivo posee una independencia neuronal con el cerebro, por eso es llamado el segundo cerebro. Dentro del mismo funciona el Sistema Nervioso Entérico (SNE); es una subdivisión del sistema nervioso autónomo que se encarga de controlar directamente el aparato digestivo y advierte sobre el hambre y la saciedad; evita que entren sustancias invasoras y dañinas al cuerpo. Está conformado por alrededor de 100 millones de neuronas, aproximadamente la cantidad que posee un gato. El sistema digestivo es un sistema autónomo que no precisa de las órdenes cerebrales para saber qué hacer.

Al comer en abundancia, normalmente se produce la necesidad de descansar, porque 1/3 de todo el flujo de sangre es derivado al SNE para proceder a la digestión. De allí surge el consejo de las abuelas a los niños de no efectuar juegos o actividades físicas inmediatamente después de la alimentación.

El 70%, léase muy bien, setenta por ciento, de las células del sistema inmunitario humano reside en el sistema digestivo; por ello, muchos especialistas aseguran que dificultades del sistema digestivo provocan la propensión a adquirir otro tipo de enfermedades.

La serotonina, un neurotransmisor que se produce en el sistema nervioso central, y que regula en gran medida los estados de ánimo, también se encuentra presente en el sistema entérico, y ordena las funciones del tracto digestivo. En consecuencia, muchos investigadores creen que una producción deficiente de serotonina en el SNE puede alterar los estados de ánimo.

Creo fervientemente que el ayuno cuida de nuestro cuerpo, nos resetea. No cuento con apoyo científico, más allá de estudios que no pueden ser validados, pero poseo experiencias personales con el ayuno. Soy un adepto constante a ayunar, creo que cuando disminuimos la actividad gastrointestinal por no ingerir alimentos, el flujo sanguíneo se ocupa principalmente de otras áreas de mi cuerpo, otras funciones, permitiendo focalizar mis actividades. Me provee concentración adicional para llevar a cabo tareas difíciles de lograr de otra manera.

Pero el mayor de los resultados lo he encontrado en la resistencia a la tentación sexual, fortaleciéndome en formas increíblemente maravillosas en tiempos de ayuno. Por contraposición, mi capacidad de resistir a la tentación sexual, especialmente al consumo de pornografía y masturbación, se vio sustancialmente deteriorada al no practicarlo. Existe un respaldo espiritual acerca del ayuno, en su Palabra Dios establece cómo es el verdadero ayuno, lo hace en el capítulo 4 de Lucas, donde se relata el ayuno de días que efectuó Jesús en el desierto, cuando fue llevado por el Espíritu Santo. Este ayuno lo fortaleció para resistir y vencer al enemigo cuando lo tentó, es este el modelo y ejemplo para mi vida que deseo compartir con el lector.

"por cuarenta días, y era tentado por el diablo. Y no comió nada en aquellos días, pasados los cuales, tuvo hambre"

Lucas 4:2

Al igual que el cerebro, el sistema digestivo "piensa" y, por lo tanto, posee las mismas debilidades que la mente, la cual como menciona Romanos 12:2 debe "renovarse" en forma constante. A mi parecer, no tengo validación científica, el ayuno "renueva" el Sistema Nervioso Entérico.

El pastor Jentezen Franklin, en su libro El Ayuno, detalla con claridad todos estos conceptos de sanidad a través de ayuno. Es un material de lectura altamente recomendable para profundizar en el tema y comenzar a practicar el ayuno habitualmente.

La reina Ester en el libro homónimo capítulo 4, verso 16 se prepara para un gran evento, asimilable a una batalla, con un tiempo de ayuno. Ordena a Mardoqueo que todo el pueblo ayune completamente por 3 días, juntamente a ella y a sus doncellas. El motivo de dicha preparación se motiva en la presentación de la reina ante el rey a fin de interceder en defensa del pueblo judío ante las maquinaciones de destrucción de Amán, obteniendo Ester en gran victoria. De igual manera es posible logra victorias sobre la pornografía y masturbación, a través del fortalecimiento en ayuno del alma y espíritu.

Es importante recordar las implicancias biológicas descriptas en este capítulo sobre la influencia del ayuno en el cuerpo y mente; llegando a la conclusión de que el mismo es una Poderosa Arma para luchar en contra de la tentación del consumo de pornografía y masturbación.

El cansancio que siente el cuerpo luego de consumir alimentos, provocado por que gran parte del flujo sanguíneo se deriva hacia el sistema digestivo, dejando de fluir en forma intensa en el sistema nervioso central, produce una pérdida de atención momentánea que puede contribuir a ceder a la tentación, al no pensar con claridad.

¡Cuidado! en este punto el corazón puede gane al raciocinio, aumentando la posibilidad de ser vencido por la tentación. Se confirma entonces lo que dice la Palabra en Jeremías 17:9: "Engañoso es el corazón más que todas las cosas, y perverso…". En mi opinión, el ayuno como "fortaleza mental positiva", es una herramienta poderosa dada por Dios a fin de colaborar en la fortificación necesaria para enfrentar a la bestia, como he descripto en este libro a la adicción sexual. Considero al ayuno una fortaleza mental positiva, dado que generar una plasticidad neuronal a través del mismo en el cerebro, equipara la mente para enfrentar la batalla.

Conozco personas que nunca han hecho ayuno en sus vidas, más allá de los indicados médicamente para realizarse estudios o entrar en cirugía. Yo invito a quien pueda hacerlo, que efectúe del ayuno un hábito, confirmando cuán saludable es llevarlo a cabo como forma de vida.

El ayuno debe que ser específico en cuanto al motivo por el cual se realiza, y, además, como menciona la Palabra en Isaías 58, verso 1, debe ser "pregonado a voz de cuello"; es decir, ser expresado con la voz, en forma firme y fuerte, a fin que las esferas espirituales puedan escucharlo, más que los materiales. El enemigo es un ángel caído, quien no posee la capacidad de leer la mente, pero puede escuchar, es por ello necesario efectuar una declaración verbalmente sobre el objetivo a lograr a través del ayuno. El ayuno es algo personal, y la Palabra también aconseja que deben evitarse demostraciones públicas que denoten el tiempo en el cual se practica.

CAPÍTULO XV – Previniendo recaídas

Siento la desesperación como si fuera un arma cargada a punto de disparar. Siento que el sudor resbala por mi frente. Siento un ardor en todo mi cuerpo. Siento que el mundo se cae a pedazos. Siento que no he podido ganar la batalla, mucho menos ganaré la guerra. Siento que he decepcionado a todos, comenzando por mí, siguiendo por mi esposa y todos lo que podamos imaginar. Siento que me hundo en el barro de la desesperación. Siento que simplemente no tengo solución, evidentemente estoy fallado de por vida y nunca lo lograré.

Casi con seguridad aquellos que recaen en el consumo de pornografía se repiten estas y miles de otras frases similares. Al leer el párrafo anterior se ven en el duro reflejo de un espejo, preguntándose por qué es que no pudieron soportar la tentación, aún luego de comprender la adicción y haber logrado una mejoría o aún lograr abandonar la misma. Es relativamente común que muchas personas, hombres y mujeres hayan deseado ser libres, comenzado un proceso de sanidad y en algún punto recaigan en el consumo, preguntándose: ¿por qué volví a hacerlo?

"Derrumba las pequeñas construcciones de confianza levantadas con mucho esfuerzo y dedicación"

"Especialmente con los seres más amados, el cónyuge y los hijos"

La adicción sexual, el consumo de pornografía, la masturbación, produce la dependencia de algo que sin sustancia material, tan filoso como un simple pensamiento. Un recuerdo de lo visto o realizado puede ser el disparador, el gatillo que lance el proyectil destructor de todo lo hasta ahora construido.

Más grave aún, una recaída derrumba las pequeñas construcciones de confianza levantadas con mucho esfuerzo y dedicación; provocando casi una sentencia de muerte para las relaciones que han comenzado a recomponerse. Especialmente de los seres más amados, el cónyuge y los hijos.

Toda persona adicta se encuentra el riesgo latente de recaer, debido a que se encuentra en un "Proceso", descripto anteriormente. Será necesario tomar conciencia de la posibilidad existente, más aún en caso de no prestar la debida atención a cada una de las etapas de dicho proceso. Existen indicios, sintomatología, que puede anticipar una recaída hasta 6 semanas antes. Es fundamental observar a conciencia estas luces amarillas de precaución, a fin de prevenirlas.

El patrón siempre es repetitivo; se describe a continuación:

1) ***Olvidar Prioridades*** del proceso, por ejemplo, alejamiento y desconfianza de Dios, apartarlo del primer lugar; es reemplazado por el teléfono, la tv, las amistades, las redes sociales.
2) El olvido de las prioridades provoca la ***Ansiedad.*** Se buscan energías del lugar incorrecto: las emociones. Surge la repetición de actitudes pasadas, tales como la crítica y toxicidad hacia las personas del entorno.
3) La ansiedad lleva a la ***Aceleración***. Se produce una actividad constante, muchas ocupaciones, y generalmente en apuros, cargando más y más para no desacelerar. En esta etapa es muy posible que aparezcan indicios de depresión, a consecuencia de detectar la repetición de situaciones y actitudes del pasado.
4) La aceleración conduce al ***Enojo***, ya que la sobreactividad genera agresión y el cuerpo libera adrenalina necesaria para obtener en alguna medida una respuesta a este espiral descendente.

5) El enojo desencadena el ***Agotamiento***, a consecuencia de la caída significativa en lo emocional y físico. El cuerpo se comienza a deteriorar por el nivel de estrés vivido en este tobogán.
6) El agotamiento dará a luz la **Recaída o Fracaso moral**. Esta situación es generalmente considerada como una rendición. Un abandono de la batalla. Sin embargo, en este momento es imperioso recordar que existe esperanza, que Dios sigue confiando en las personas, aun cuando ellas no crean en sí mismas.

Lo más grave de las recaídas es el efecto avalancha, ya que se produce un arrasamiento de todo el entorno. Por este motivo, es importante que cada persona involucrada en la vida del consumidor, camine lo más cerca posible, y pueda entender lo que ocurre con un adicto. Los patrones mentales y actitudes anteriores predisponen al adicto a un riesgo estimado de recaídas, sin embargo, a través de un verdadero compromiso con el proceso -disciplina y sujeción- es posible salir adelante.

El cónyuge o la familia, muchas veces no entenderán la situación que vive el individuo, por no haber transitado una adicción personalmente. No es necesario que entiendan la adicción, pero si contar con la creencia que Jesucristo lo hará libre en esta batalla. Por supuesto, es óptima la situación en la cual pudieran entenderlo.

"No es necesario que entiendan la adicción, pero sí que crean que

Jesucristo lo hará LIBRE"

En estos casos, la misericordia, es decir sentir compasión y ofrecer ayuda a la persona adicta, es una actitud sumamente difícil, pero positiva para lograr la sanidad. Las personas que acompañan el proceso son necesarias y vitales como aliadas en la batalla, y serán también beneficiadas a través de la sanidad del actor principal.

La Biblia menciona la misericordia como un gran engranaje para soportar las pruebas, aún más teniendo en cuenta que lo hace desde el punto de vista del llamado de Jesucristo, un llamado que se fundamenta en la Gracia, porque no llamó El a justos, sino a pecadores. Cada persona está muerta a consecuencia de sus delitos y pecados (Efesios 2:5) y simplemente por la Misericordia de Dios, que se renueva todas las mañanas, que, a través del arrepentimiento, puede obtener la salvación.

La comprensión de esta verdad, colabora con la posibilidad de lograr un real y profundo compromiso, sabiendo
que Jesucristo es fiel y cumple Su promesa de restauración. "Porque aquél que comenzó la Buena Obra en nosotros, la perfeccionará" escribe el apóstol Pablo en su carta
a los cristianos de Filipo, capítulo 1, versículo 6.

CAPÍTULO XVI – Cierre

En estas pocas líneas finales no me dirigiré en forma directa al adicto o consumidor, como sientas definirlo, sino a todos aquellos quienes, de una u otra manera, se han visto involucrados en esta batalla bestial contra la pornografía y masturbación.

Me dirijo a los valientes que han dejado de lado su orgullo personal para entrar en un proceso de restauración, y también a quienes están acompañando el mismo de alguien especial para ustedes.

Tal vez se sienten cansados, realmente es agotador, sin lugar a dudas, pero es un viaje que vale la pena llegar a destino. Seguramente habrá dolores, golpes, hasta inclusive puedas sangrar, pero estoy seguro, será un tiempo de aprendizaje para lo que depara el futuro. Con total certeza puedo decir que esta escuela solo es dada por Dios, no se aprende en Universidades terrenales, solamente en las universidades celestiales, que nos capacitan de una manera que nunca podremos entender.

Generalmente, cuando transitamos pruebas, nuestro pedido al Señor es que nos quite la misma, pero no funciona con Dios de esta manera. Dios nos enseña y, luego de pasar las pruebas, la carga simplemente será quitada. Dios no lo hará de un día para otro, el proceso por el cual están pasando dura un tiempo y promete un gran aprendizaje. Nuestro Padre tal vez permitirá el paso por distintas pruebas relacionadas con este proceso, las cuales nos evaluarán, pudiendo aprobar o no, necesitando regresar nuevamente a la mesa examinadora.

Por favor, no tomen mis dichos anteriores como negativos, su finalidad radica en brindar ayuda para la mejoría de muchas personas; porque una vez aprobado, estarán en condiciones de acompañar a otros que son esclavos de la adicción. Dios es un Dios de misericordia y desea que seamos ejemplo en esta área, que brindemos misericordia inmerecida; cuando el dolor es mucho más agudo, en esa condición, el oro se prueba y purifica, en el fuego.

Cuando esto suceda existirán dos caminos, el primero, renunciar y dejar todo. Pero el segundo, con seguridad el más difícil, llevará a la victoria celestial. Cuando las pruebas vengan, porque lo aseguro, ellas vendrán, mi consejo es recurrir a las personas que más amadas, o al mentor a quien se rinde cuentas, para que sean aliados en los momentos de debilidad.

> **La música fue creada por Dios para adorarlo.**

Un segundo consejo: buscar a Dios en la adoración musical.

La música fue creada por Dios para adorarlo. Al escuchar música que exalta a Dios, se gesta un ambiente espiritual lleno de Gracia y Amor, en donde es posible encontrar un dulce refugio para sobrellevar la situación.

En contraposición, escuchar música que no alaba a Dios, también gestará un ambiente espiritual, pero negativo, que traerá perjuicio, como fue detallado en el capítulo 11, Educando los sentidos.

A través de la práctica de estos dos consejos, sumados a la disciplina y la sujeción, se levantará un muro casi infranqueable para resistir los embates de la tentación; y ayudar a quienes acompañan el proceso a mantenerse firmes en los momentos críticos de sus acompañados. Es casi infranqueable, porque existe un componente que Dios ha permitido manejar: la voluntad propia. Solo hay una cosa que Dios no puede hacer por las personas: DECIDIR.

> **SOLO EXISTE UN COSA QUE DIOS NO PUEDE HACER POR NOSOTROS:**
>
> # DECIDIR

Por eso insto a que decida seguir adelante cueste lo que cueste, por más grande que sea el dolor o la decepción, porque lo mejor está por venir. Existe un dicho en nuestra Argentina y dice así: "siempre que llovió, paró" en obvia alusión a que toda circunstancia difícil tiene su fecha de vencimiento, y con mayor razón, sabiendo que tenemos a nuestro padre celestial como respaldo; a Jesucristo que ya pagó el precio de nuestra victoria y al Espíritu Santo de Dios que vive dentro nuestro y nos da las fuerzas para seguir adelante. Pero la decisión es suya.

<u>Entonces:</u>

Yo ya decidí, ¿cuál será su decisión?

Si a través de mi historia y este libro, ha comprendido la importancia que significa estar sumido en el mundo de la pornografía, conocido sus consecuencias y los estragos que puede causar en la vida de quien consume habitualmente; entonces, si es consumidor o ya adicto a la pornografía y la masturbación, necesita ayuda en forma urgente. Es sumamente importante que busque asistencia capacitada para ser guiado en el proceso de sanidad, debe buscar una iglesia que cuente con estas herramientas. Si no conoce alguna, puede escribirnos al email <u>pornoadiccionpermitida@gmail.com</u> y nos contactaremos para guiarlo a una institución de su región, o país.

Referencias

1) Biblia – Versión Reina Valera 1960 Revisada

2) Enciende tu cerebro – Dra. Caroline Leaf

3) Los efectos que tiene en el cerebro consumir pornografía en exceso
https://www.bbc.com/mundo/noticias-50837044

4) Control del estrés – Clínica Mayo
https://www.mayoclinic.org/es-es/healthy-lifestyle/stress-management/in-depth/stress/art-20046037

5) Recuerdos bloqueados, cuándo no nos atrevemos a recordar
https://www.cuerpomente.com/blogs/ramon-soler/recuerdos-bloqueados-proteccion-frente-trauma_1509

6) Biblia Interlineal Griego Español
https://www.logosklogos.com/interlinear

7) Países de Latinoamérica con mayor consumo de pornografía en el año 2022
https://www.infobae.com/america/tecno/2022/12/20/estos-son-los-paises-de-latinoamerica-que-vieron-mas-porno-en-internet-durante-2022/

8) Lucha contra la nueva droga
https://fightthenewdrug.org/

9) Corazón como órgano Endocrino-Metabólico (Heart as an endocrine – metabolic organ
https://www.redalyc.org/journal/3755/375566679007/html/

10) ¿Cómo afecta la pornografía a nuestro cerebro?
https://www.informacion.es/sociedad/2020/12/16/afecta-pornografia-cerebro-5723175.html

11) El cerebro y el estímulo a los contactos físicos
https://www.america-retail.com/neuromarketing/neuromarketing-el-cerebro-y-los-estimulos-del-contacto-fisico/

12) El Ayuno – Jentezen Franklin

13) El estómago tiene su propio cerebro
https://www.bbc.com/mundo/noticias/2012/07/120711_cerebro_estomago_ac

14) Los Siete Pilares de la Libertad – Ted Roberts